AF502520

# L'ALLIANCE
# FRANCO-RUSSE
ET LA
## COALITION EUROPÉENNE

PAR

**Un Général Russe**

PARIS
AUGUSTE GHIO, ÉDITEUR
PALAIS-ROYAL, 1, 3, 5, 7, GALERIE D'ORLÉANS

1887

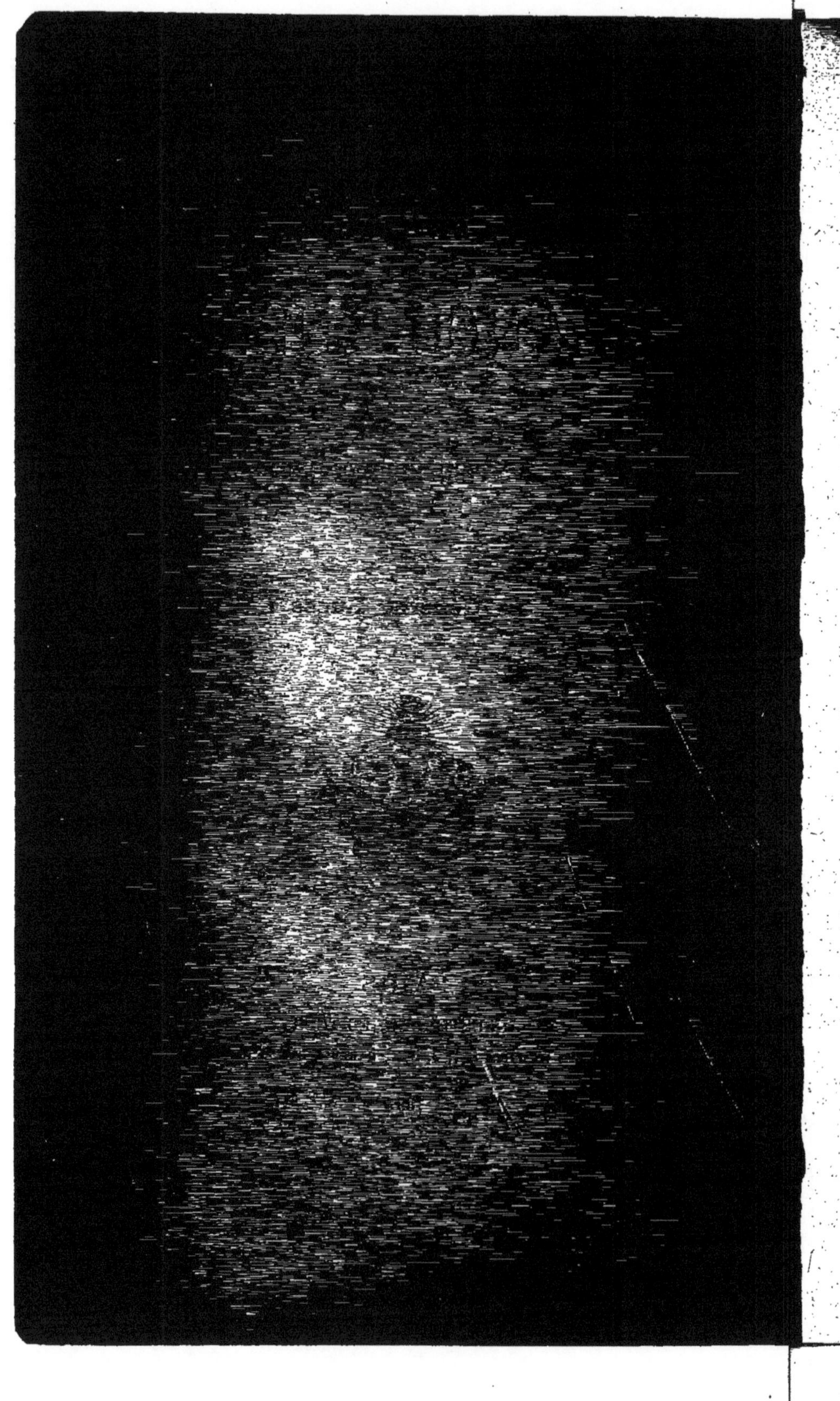

# L'ALLIANCE FRANCO-RUSSE

ET LA

# COALITION EUROPÉENNE

PARIS.

IMPRIMERIE DE G. BAPITOUT ET Cie

7, rue Baillif, 7.

L'ALLIANCE

# FRANCO-RUSSE

ET LA

COALITION EUROPÉENNE

PAR

**Un Général Russe**

PARIS

AUGUSTE GHIO, ÉDITEUR

PALAIS-ROYAL, 1, 3, 5, 7, GALERIE D'ORLÉANS

—

1887

# L'ALLIANCE FRANCO-RUSSE

ET LA

# COALITION EUROPÉENNE

Je demandais un jour à un paysan pourquoi il aimait tant les Français et haïssait les Allemands, qui ne nous avaient jamais fait la guerre, tandis que les Français avaient brûlé Moscou et détruit Sébastopol.

Les Français entraient chez nous comme ennemis, me répondit-il, et deviennent nos amis ; les Allemands au contraire, arrivent comme amis et après nous avoir exploités s'en retournent comme ennemis. *Quant à Moscou, cela n'a pas été querelle entre Russes et Français, mais entre leurs Empereurs.*

Cette grande et simple vérité, dite par un homme du peuple, a éveillé en moi le désir d'émettre quelques pensées sur les événements qui obscurcissent notre horizon.

Ces événements sont tels que nous avons lieu de nous étonner de ne pas voir encore l'Europe à feu et à sang. Tous les accessoires des chancelleries diplomatiques, tels que mensonges, promesses fallacieuses, pots-de-vin et menaces ont été mises en jeu par le grand metteur en scène politique Bismarck et ses humbles acolytes, les pseudo-régents bulgares, pour brouiller les cartes et nous pousser à la guerre.

Pendant que notre diplomatie courbe la tête et se croise les bras, l'Europe ne reste pas inactive.

Au nom des traités signés par elle, des conférences et des congrès auxquels elle a pris part, cette grande civilisatrice enseigne à la jeune nation bulgare à violer ces mêmes traités, à fouler aux pieds le droit international constamment invoqué par elle.

Que lui avons-nous enseigné, nous, ses professeurs barbares? Le respect de la foi jurée, l'honneur du drapeau, la loyauté même vis à vis des ennemis. C'est à nos leçons que ces soldats imberbes de trois ans, menés par de jeunes capitaines, doivent d'avoir repoussé l'agression de l'armée serbe placée sous la conduite de vieux colonels, ayant un état-major, d'anciennes institutions militaires, un passé historique. Cette armée a été mise en déroute par une poignée de bergers auxquels leurs frères russes avaient appris la veille à tenir le fusil. Pourquoi nous autres, qui n'attaquons personne, sommes-nous le but de la haine et des attaques de tous? L'Angleterre surtout nous couche toujours en joue.

Elle a fait ce qu'elle a pu pour nous brouiller avec la Perse, l'Asie-Centrale, la Turquie. La Turquie aurait depuis longtemps consenti à accorder à ses sujets chrétiens les réformes qu'ils réclament et que nous appuyons, et depuis longtemps déjà elle nous aurait cédé les détroits n'était cette ennemie qui, nuit et jour, forge dans l'ombre ses armes contre nous et poursuit l'œuvre haineuse de notre affaiblissement. Elle nous menace d'une coalition européenne dans laquelle entrerait l'Autriche et l'Allemagne. Pour l'Autriche, cette mosaïque politique, la guerre serait un suicide. Quant à l'Allemagne, il ne faut pas oublier qu'elle s'est créé un foyer de révolution par sa conquête de l'Alsace-Lorraine et que nous avons à lui opposer l'ennemi le plus dangereux pour elle, *l'allié le plus sûr pour nous*, puisque nos intérêts sont communs.

*L'alliance franco-russe est une nécessité historique; sa base en a été posée par Napoléon Ier à Moscou, et scellée par Napoléon III à Sébastopol*, car, sous les murs de ces deux cités, il n'y a eu ni vaincus ni vainqueurs, comme l'a dit dernièrement le général Saussier; il y a eu deux grandes nations en présence l'une de l'autre qui ont appris à se connaître et à s'estimer.

Dans ce siècle où les guerres ont toutes un caractère commercial, où l'on se bat pour accaparer un marché, il reste *deux querelles nationales* à vider, deux luttes de races : c'est *la guerre franco-allemande* et *la guerre russo-allemande*. Ce combat homérique changera la carte du monde, règlera les relations des peuples et mettra fin à ce militarisme insensé introduit par l'Allemagne pour la ruine du genre humain. L'école des diplomates du comte Nesselrode a fait, Dieu merci, son temps et les hommes nouveaux, russes et patriotes, tels que le comte Ignatieff, Zinowieff, Mohrenheim, le valeureux champion de l'alliance franco-russe, Sabouroff, Jomini, cet homme d'État au nom étranger, mais au cœur si chaud et si dévoué à son pays, commencent à lever la tête, et leurs noms sont prononcés avec sympathie et respect par la société russe, c'est-à-dire par celle digne d'être appelée ainsi.

A propos de nos diplomates qu'il me soit permis d'insérer ici une lettre que Skobeleff, qui se connaissait en hommes, écrivait en 1883 à un de ses amis :

« J'ai appris hier, par hasard, qu'il est question de nommer à Pâques au poste de ministre des affaires étrengères le comte Adlerberg. J'aime et respecte le comte comme un père et lui suis personnellement redevable de beaucoup. Néanmoins cette nouvelle m'a bouleversé. Ce serait un coup terrible porté au parti national. J'ai une si haute idée des talents du comte Adlerberg, de sa fermeté, de ses idées arrêtées, que, si cette nouvelle se confirmait, notre politique reviendrait pour longtemps aux idées qui avaient cours en 1863. C'est un homme d'une haute probité, de grand mérite, mais c'est un diplomate de vieille roche.

« A notre époque on ne peut plus ressusciter l'influence des chancelleries diplomatiques, qui considéraient le secret toujours et en toute chose comme un de leurs grands moyens d'action et la base de toute réussite. Nous avons bien un homme d'immense capacité, un vrai patriote, russe de cœur et d'esprit, mais cet homme est à Téhéran, c'est Zinowieff. Quant à la masse de nos diplomates, ils ont rendu à la patrie les services que les intendants rendent à l'armée. Et ce n'est pas peu dire ! Je ne sais même auquel des deux maux donner la préférence.

» Et dire qu'un homme d'Etat comme Ignatieff est laissé dans l'inaction ! Rappelez-vous mes paroles : A un moment donné le comte Ignatieff sera le seul en état d'éviter à la Russie une coalition européenne. Nos ennemis le craignent, ils savent que le pousser à bout serait pousser à bout cent millions de Russes dont le comte Ignatieff représente les pensées et les aspirations. Enfin, s'il était même dans notre destinée historique de boire jusqu'à la coupe amère de l'humiliation que nous présente l'Europe, seul le comte Ignatieff est assez populaire pour l'oser sans blesser profondément la conscience publique, sans soulever des flots de haine nationale. Il jouit des pour cent de son capital de San-Stefano. Quoi qu'en disent ses ennemis, le nom d'Ignatieff est cher à la Russie entière»

Bien des gens s'étonnent que le tzarewitch Alexandre qui jadis détestait de si bon cœur les Allemands, qui avait si pleinement confiance dans l'esprit cosaque de son peuple, se soit laissé entraîner à Dantzig, et ait pris part à la comédie qui s'est jouée à Skierniewitz. Eh bien, j'ose l'affirmer, l'âme généreuse de l'ardent patriote vit toujours dans notre souverain, et le moment est proche où sa voix puissante réveillera la Russie de sa torpeur.

On parle beaucoup à l'étranger, et même à Saint-Pétersbourg, du parti allemand en Russie. Ce parti existe certainement, mais on lui attribue sur l'Empereur une influence qu'il est loin d'exercer.

D'abord, je me hâte de le dire, il est difficile de faire revenir l'Empereur sur une décision une fois adoptée, et personne dans son entourage n'a prise sur lui. On a eu dernièrement la preuve de sa fermeté et de son impartialité, lorsque la question des sucres a éveillé tant de convoitises et tant d'appétits. Nul en Russie n'ignore toutes les intrigues qui s'agitaient non seulement dans les chancelleries des ministères, mais au sein même de la Cour, où les représentants de nos grands noms historiques faisaient flèche de tout bois, tiraient parti de leur situation officielle et leurs entrées de faveur.

Tandis que MM. Bloch et Cᵉ cherchaient à agir dans les bureaux, que le comte Bobrinsky et le prince Demidoff parcouraient les palais, les salons et les clubs, et s'épuisaient en infructueux efforts pour obtenir le concours de Katkoff, le grand maître des cérémonies, le prince Dolgorouky, essayait d'agir par l'Impératrice sur l'Empereur. Mais notre souveraine est la pure et digne compagne de l'équitable Alexandre III, et elle refusa net de se mêler de cette affaire. L'Empereur rejeta le projet de la réglementation de la production du sucre, qui eût grevé son peuple de plusieurs centaines de millions, et s'éleva un monument nouveau dans le cœur de ses sujets. L'âme et le centre du parti allemand est, comme on le sait, la grande-duchesse Marie Pawlowna. Tout le monde se souvient du bruit que fit son brusque départ il y a quelques années et son long séjour à l'étranger à la suite d'une lettre adressée à Bismarck, décachetée et soumise à l'Empereur. C'est alors que se place aussi l'incident bien connu du jeune comte Paul Petrowitch Schouwaloff (neveu de l'ambassadeur à Berlin), qui refusa de rester à son poste auprès de la grande-duchesse et échangea ses aiguillettes d'aide-de-camp du grand-duc contre celles plus honorifiques d'aide-de-camp de l'Empereur.

Le nom du comte Paul Petrowitch Schouwaloff, Boby, comme l'appellent ses amis, a été prononcé pour la première fois lors du glorieux assaut de Khiva, quand, jeune lieutenant de hussards, il entra le second à la suite de Skobeleff dans la ville en feu.

Plus tard, on a beaucoup parlé de lui à propos d'une institution qui n'a duré qu'un an, a été fort discutée et souvent injustement condamnée. Je veux parler de la Sainte-Ligue, société secrète anti-nihiliste, formée après le 1er mars, comme protestation des classes conservatrices contre le mouvement socialiste.

Bien des gens méconnaissent le généreux élan qui a poussé la société russe à se grouper autour du trône, et si, plus tard, quelques brebis galeuses sont venues mêler leurs intérêts mesquins aux pures intentions des premiers membres, il est injuste d'en rendre responsable l'association entière, qui comptait parmi elle les noms les plus honorables de la Russie, tels que les Cheremetieff, les Stroganoff, Nowossiltzoff, Obolensky, Boutourline, Orloff, etc.

L'exagération étant dans l'attaque, l'exagération devait être aussi dans la défense. Le comte Paul Petrowitch, autrement dit Boby Schouwaloff, victime des intrigues du général Orjeffsky, a disparu depuis plusieurs années de la scène du monde et mène en France la vie austère du savant et du travailleur.

C'est une de ces têtes merveilleusement organisées, aptes à tout, qui gérerait le ministère de l'instruction publique aussi bien que celui de la marine ou celui des cultes et qui fait maintenant de la chimie avec l'entrain et la conviction qu'il apportait à la police secrète. Patriote ardent, il n'a peut-être pas été assez scrupuleux dans les moyens qu'il a employés, mais son but a toujours été de soutenir la monarchie absolue, et son dévouement envers la dynastie est au-dessus de tout soupçon. C'est un ambitieux mais non un vaniteux, et les vastes plans qui germaient dans cette jeune tête et qu'il nous déroulait avec une éloquence tout à fait extraordinaire ont entraîné bien des gens à cheveux gris.

Je lui prédis encore un grand avenir politique. Il a toujours été un partisan zélé de l'alliance française, et il l'a prouvé par le toast qu'il a porté à l'armée lors d'un banquet scientifique à Paris en 1885.

Revenons à l'ennemi intime du comte Boby Schouwaloff, la grande-duchesse Marie Pawlowna, l'Allemande, comme l'appelle le peuple dont l'instinct est si juste pour reconnaître ses amis et ses ennemis. Dernièrement, lorsque le grand-duc faisait une tournée dans les provinces baltiques et qu'il y prononça plusieurs discours, Marie Pawlowna pendant ce temps disait à mi-voix aux barons que le grand-duc avait reçu des instructions précises de son frère, avec lequel il ne sympathisait pas, et que dans le fond de son cœur il était tout pour eux. Ses critiques sur le compte du sénateur Manassein, maintenant ministre, dont elle essaya de contrecarrer la mission, ont été entendues et répétées par trop de monde pour qu'il faille insister sur ce point. Le grand-duc Wladimir se trouve complètement sous l'influence de sa femme et par conséquent sous celle de Berlin. La *Gazette de la Croix*, cet organe archi-prussien, est la lecture quotidienne de ce couple. Leurs intimes étaient le général Werder, le comte Redern, le comte Herbert Bismarck, le baron de Bulow, et, en fait de Russes, les trois frères Benckendorff, fils d'une Autrichienne enragée et produits d'une éducation étrangère. L'un est secrétaire d'ambassade à Vienne, l'autre est aide-de-camp de l'empereur et le troisième, le favori spécial de la grande-duchesse, qui l'accompagne dans tous ses voyages. Ce personnage, appelé Mita, est trop connu en Europe par le suicide de sa femme pour qu'il soit besoin de le qualifier ici. Citons encore le comte Pierre Schouwaloff (celui du traité de Berlin) et le prince Dolgorouky, « Unser Dolgorouky », comme appellent les Prussiens ce prince russe, âme damnée de Bismarck et ami de Battenberg.

Le prince Nicolas Dolgorouky est le frère cadet du grand-maître des cérémonies et de la célèbre Madame Albedinski, première favorite d'Alexandre II, à laquelle la famille Dolgorouky a dû la faveur dont elle jouissait sous le règne précédent. Il est fils du président de la Cour des requêtes, dont la longue carrière officielle avait donné lieu à des critiques sérieuses sous le précédent règne.

L'empereur Alexandre III, qui tient à avoir des employés irréprochables, s'est empressé de rendre à la vie privée cet administrateur dont la fortune s'élève à plusieurs millions.

Il est à regretter que cette disgrâce n'ait pas été définitive, et que le ministre des affaires étrangères l'ait envoyé à Téhéran comme représentant de la Russie, car il est à craindre qu'il y compromette le prestige du nom russe et la dignité de notre ambassade en Orient.

C'est ici le moment de remercier le général Wanofsky, ce travailleur infatigable et consciencieux, le comte Worontzoff-Daschkoff qui a affirmé ses sentiments patriotiques en 1875, et enfin cet autre honnête conseiller du Tzar, le comte Paul Schouwaloff, le plus populaire de nos généraux, d'avoir empêché l'envoi du prince Dolgorouky en Bulgarie. Je ne suis pas le partisan du général Kaulbars, dont je parlerai plus tard, mais Kaulbars, malgré ses innombrables maladresses, est un honnête et brave soldat qui, s'il n'a pas su faire les affaires de sa patrie en Bulgarie, n'aurait jamais fait celles de l'Allemagne, ni celles du prince Battenberg, et que l'or anglais aurait toujours trouvé insensible.

. . . . . . . . . . . . . . . . . . . . . . . . . . . . . . . . . . . .

Le commerce de Moscou, pour lequel le marché de la Perse est si important, comprend qu'il doit renoncer dorénavant à l'appui de notre légation, car la nomination du prince Dolgorouky est synonyme de prépondérance politique et commerciale de l'Angleterre, qui anéantira notre commerce et nous enlèvera la construction des chemins de fer, dont les Russes seront écartés pour longtemps.

A propos de chemin de fer, le général Annenkoff vient de revenir dans notre capitale après avoir glorieusement terminé son travail de Titan.

C'est à cet homme énergique, à son incessante et infatigable pensée que la Russie doit de tenir entre ses mains le pouls vital de l'Angleterre. Sa mission est une mission non seulement politique mais civilisatrice, et son nom planera bien haut dans l'histoire au-dessus des petites accusations de ses ennemis.

Construire en Asie centrale en une année et demie une ligne de mille verstes n'ayant coûté que 16 millions est un exploit unique dans le monde entier. Avec son expérience et son talent, nous n'aurions pas de meilleur constructeur pour les lignes de Sibérie et de plus digne successeur de l'amiral Possiet.

Ajoutons que le général Annenkoff, beau-frère du comte de Vogué, est l'ami de Mme Adam et un chaud partisan de l'alliance française, qui compte aussi parmi ses membres : Alexandre d'Oldenbourg, ce prince qui suit si noblement les traces de son père, le prince Pierre, dont le nom fait venir les larmes aux yeux à des milliers de pauvres dont il a soutenu la misère, le prince Dondoukoff, le comte Worontsoff, les généraux Obroutcheff, Gourko, Kouropatkine, Schepelioff, Imeretinsky, etc., les meilleurs noms, en un mot, de notre armée, la fleur de notre intelligence militaire.

Un autre centre d'agitation allemande est le salon de la comtesse Pahlen, femme du célèbre ministre qui a géré dix ans le ministère de la justice sans parler le russe, où quelques barons courlandais et livoniens appuyés par le maître de la maison, le prince Barclay de Tolly, le sénateur Grote et le prédicateur Dalton, font de la politique locale et séparatiste.

Mais ces voix sont bien faibles, ces cercles bien restreints en comparaison de toute la Russie, qui se lèverait comme un seul homme et sacrifierait son dernier copeck et la dernière goutte de son sang pour défendre les intérêts sacrés de son pays, comme l'a dit le général Dournoff au comité slave il y a un an.

Mais, selon les paroles d'un grand philosophe, l'homme s'agite et Dieu le mène.

Pendant que nous délibérons, les événements suivent leur cours. Voulant arracher au parti libéral progressiste de Berlin le contrôle des affaires militaires, le prince de Bismarck se livre en ce moment à la plus épouvantablement dangereuse des propagandes électorales. Il soulève le chauvinisme allemand contre la France! Il transforme en mesures d'agression tout acte de défense nationale, de précaution en prévision d'une invasion inopinée.

Pourra-t-il arrêter les orages qu'il a soulevés? Sera-t-il assez puissant pour prononcer son *quos ego*?

Après avoir été entraîné à menacer, ne sera-t-il pas amené à porter le premier coup?

Certes, nous avons confiance dans le bon droit de la France, dans sa vaillante épée. Le peuple qui a su sauver son honneur en 1870 saura être à la hauteur de toutes les *tâches*. Les chevaux des hulans ne boiront pas dans les eaux de la Seine aussi facilement qu'il y a dix-sept ans.

Mais ce serait calomnier notre auguste Empereur que de croire qu'il resterait immobile en présence d'un si grand attentat; qu'il ne tiendrait pas à mêler au sang des vaillants Français celui de ses non moins vaillants guerriers! Non, le fils généreux d'Alexandre II tiendrait à effacer, dans de communes victoires, le souvenir du malentendu de la guerre de Crimée!!!

Il sait, en effet, ce que tout véritable Russe sait aussi bien que lui. C'est l'amitié, l'assistance, l'aide, l'appui de la France que Bismarck veut conquérir, plus encore que de nouvelles annexions !

Le prix de la victoire serait, cette fois, l'entrés de la France vassalisée dans une nouvelle coalition. Si la France est menacée, c'est parce qu'on la soupçonne d'avoir reconnu que sa meilleure, sa seule amie est la Russie ; c'est parce que les républicains de France ont compris le secret politique des Bourbons, qui, à l'heure douloureuse de 1815, ont trouvé chez le glorieux Alexandre Ier de si nobles sympathies !

Toutes les combinaisons de l'Allemagne sont dirigées contre la Russie aussi bien que contre la France. Si c'est la France qui semble visée en ce moment par M. de Bismarck d'une façon exclusive, l'intérêt de la Russie n'est pas moins de lui porter immédiatement secours, car, cette puissance vaincue, l'Allemagne, alliée à l'Autriche et à l'Angleterre, se retournerait immédiatement contre nous. Elle s'empresserait de profiter de sa fortune pour acquérir en Europe une prépondérance sans rivale et assouvir son ambition séculaire.

L'Allemagne a commencé par le Danemark; elle a continué par l'Autriche et par la France, et elle finirait par nous. Elle nous enlèverait toutes nos provinces baltiques, afin de régner exclusivement à notre place sur cette mer, qui deviendrait un lac germanique. L'Allemagne nous enlèverait ainsi notre Alsace-Lorraine en nous ravissant d'un seul coup le fruit des conquêtes dues au génie de Pierre-le-Grand. Elle nous isolerait de l'Europe du midi d'une façon aussi déplorable que nous l'étions du temps des Strelitz et des grands-ducs de Moscovie.

*Nous ne voulons pas la guerre*, nous sommes les sujets soumis et paisibles du pacifique Alexandre III, qui ne cherche ni conquêtes, ni victoires nouvelles à graver sur le monument de la gloire érigé dernièrement; son territoire est assez vaste, les vieux drapeaux déchirés des armées de ses pères ont parcouru le monde et flotté pendant des siècles sur tous les champs de bataille de l'Europe, où l'aigle à deux têtes n'a reculé devant aucun ennemi.

*Nous ne voulons pas la guerre*, mais que l'Europe prenne garde! L'Empereur sait que ses soldats, ceux dont Napoléon disait: « Il ne suffit pas de les tuer, il faut encore les renverser », sont toujours les mêmes, et qu'ils sauront mourir comme sont morts leurs aînés.

*Encore une fois, nous ne voulons pas la guerre, mais, que la voix puissante de notre souverain se fasse entendre du haut du Kremlin, et, comme jadis les vieux croisés soulevés par Pierre l'Ermite, nous nous écrierons tous: Dieu le veut! Dieu le veut!*

## CE QUI NOUS RESTE A FAIRE

Le général Kaulbars a quitté la Bulgarie avec tous nos agents diplomatiques. Il eut certainement mieux valu que cette mesure finale eût précédé sa mission et eût été le commencement de nos relations avec le gouvernement provisoire, que la Russie n'a pas reconnu et avec lequel elle n'aurait pas dû avoir de relations diplomatiques, puisque celles-ci passaient aux yeux de l'Europe pour une reconnaissance tacite dudit gouvernement.

Nous aurions enlevé par là à nos ennemis beaucoup de temps qu'ils ont employé à exciter les Bulgares contre la Russie, et la malheureuse principauté n'aurait pas passé par toutes ces calamités rendues possibles uniquement grâce aux trompeuses assurances des régents, qui prétendaient agir avec l'assentiment du Tzar russe dont les agents contrecarraient les intentions et faisaient un usage abusif des droits qui leur avaient été conférés. Mais, comme il n'y a plus à revenir sur le passé, sachons au moins profiter de la leçon que nous ont donnée nos ennemis. Chaque mal a son bon côté, disent les

Français. Tâchons par conséquent de tirer parti du bon côté de ces événements si blessants pour notre honneur, notre dignité et nos intérêts nationaux, afin de résoudre cette question : Que nous reste-t-il à faire ?

L'amitié personnelle des souverains, les traditions historiques de certaines alliances, ainsi que les points de vue personnels, projets politiques et aspirations des hommes qui sont censés guider la vie des nations, sont des facteurs extrêmement mobiles et changeants, sur lesquels on aurait tort de baser des calculs à longue échéance.

L'unique facteur immuable des relations internationales est la vie même des peuples, qui se développe d'après les besoins moraux, pratiques et économiques d'un pays, tant à l'intérieur qu'à l'étranger.

Quels que soient les points de vue des dirigeants, les aspirations réelles d'un pays se font jour quand même et, s'il n'y est pas fait droit, le pays voit ses forces productives décroître et éprouve des symptômes d'un désarroi général, nommé improprement crise financière et économique. Si les hommes d'État n'accordent aucune attention à cette maladie et ne prennent pas de mesure pour la traiter, le mal augmentera dans une proportion toute géométrique et atteindra bientôt un degré qui rendra toute lutte impossible à l'État, lequel devra bientôt céder le pas aux gouvernements qui comprennent mieux les intérêts vitaux de leurs administrés.

Nous avons subi en Bulgarie un échec inconnu jusqu'ici dans les annales de l'histoire. La Russie, ayant versé son sang et dépensé son argent pour la délivrance de cette tribu slave à demi barbare, avait acquis par là le droit de lui donner une organisation répondant aux intérêts mutuels des libérés et des libérateurs. Nous avons placé l'armée sous le commandement d'officiers russes qui ont formé les héros de Slivnitza; des ministres russes ont été chargés d'administrer les affaires intérieures du pays; enfin nous avons donné à la Bulgarie un prince qui devait continuer l'œuvre de son développement, d'après le programme d'une constitution octroyée par nous à l'aide d'une armée que nous avons créée et d'une administration que nous avons organisée.

Et, en réponse à cette masse de garanties réelles que nous avons données à la Bulgarie pour assurer ses destinées futures, nous avons essuyé un affront qui nous a forcé à rappeler nos agents diplomatiques, grâce à la volonté d'un gouvernement provisoire illégalement institué par un prince allemand qui a abdiqué deux fois !...

Quelle est donc cette force devant laquelle nous avons dû céder, quelle est cette volonté à laquelle nous avons été obligés de nous soumettre ? Il est évident que cette force est une fiction reconnue officiellement comme telle par nous, devant le monde entier. Ce point de vue est celui de notre souverain lui-même, qui a déclaré, par l'entremise de son envoyé, qu'il considérait le gouvernement provisoire comme illégal et ses actes comme nuls et non avenus.

Quoi qu'il en soit, que nous reconnaissions ou non la fiction du Gouvernement bulgare, il est certain que nous avons abandonné la Bulgarie et avons cédé notre place à d'autres. Ce fait est expliqué en Europe comme une preuve de faiblesse ou un manque de savoir-faire et donne envie à nos ennemis de nous écarter de toute immixtion active dans la question bulgare. Mais la Russie ne peut pas se dédire de son droit et des devoirs qui en découlent sans renier sa mission historique et sans renoncer à ses intérêts d'avenir les plus sacrés.

Nous devons rentrer en Bulgarie, mais non plus en qualité de conseillers peu écoutés dont on s'est moqué publiquement, mais en qualité de guides et de protecteurs sérieux d'une contrée libérée par nous. Quelle est donc la raison qui nous empêche de le faire ?

C'est un fait avéré maintenant que ce n'est ni Stambouloff, ni Moutcouroff, ni Karaveloff qui ont créé cette situation si humiliante pour la Russie, dont le général Kaulbars a été la courageuse victime, mais l'Angleterre, l'Autriche et l'Allemagne se cachant derrière le dos de ces quasi-régents. Voici pourquoi la rupture de nos relations diplomatiques avec la Bulgarie est un acte illogique, qui rappelle le proveibe russe : « lorsqu'on n'atteint pas le cheval on frappe le brancard. » Pourquoi n'oserions-nous pas toucher au cheval, c'est-à-dire à l'Europe; pourquoi faire la cour aux deux puissances voisines, sachant bien que nos deux alliés présentent le plus grand danger pour la paix européenne et n'étreignent notre main que pour la paralyser et nous enlever le moyen de nous défendre ? Ces deux empires, ne cachant guère que leurs intérêts sont opposés à ceux de la Russie, disent tout haut qu'il faut l'écarter de la presqu'île des Balkans, nécessaire à l'Allemagne et à l'Autriche. Ces deux pays n'admettent que leurs intérêts et considèrent ceux des autres nations : France, Italie, Russie, comme intérêts privés... qui ne sauraient entrer en ligne de compte sérieusement.

Cette manière d'envisager la Russie ne saurait changer, car, si l'alliance austro-allemande se dérangeait, la place de l'Allemagne serait immédiatement prise par l'Angleterre, laquelle échangerait son rôle d'agent provocateur pour celui tout aussi hostile et plus avoué de meneur des intrigues anti-russes. Il est temps de se rendre compte que l'Europe ne saurait agir autrement vis-à-vis de la Russie, par la force de la loi qui régit sa vie politique et économique. Le développement de tous les pays de l'Occident, excepté l'Espagne et la France, ne peut s'accomplir qu'aux dépens des intérêts commerciaux et économiques de la Russie. Ils doivent chercher à lui enlever ses marchés du sud-ouest, à la brouiller avec les Slaves du midi, à ne pas admettre son influence sur la presqu'île des Balkans. Il est temps de comprendre enfin que notre *accord avec l'Europe*, vu ces aspirations si divergentes, est contraire à tout bon sens. L'Europe est placée par les conditions mêmes de son existence dans un état d'antagonisme vis-à-vis de la Russie, dont elle ne saurait jamais être l'amie. Obtenir l'amitié de son ennemi est une tâche bien ingrate, mais vous pouvez vivre en paix avec lui si votre ennemi est mis dans l'impossibilité de vous nuire.

La Russie pourrait arriver à ce résultat par une abstention absolue dans les affaires de l'Europe occidentale, par une attention plus grande accordée à son développement intérieur et par une rectification de ses frontières. — La presse étrangère annonce à son de trompe que la Russie est isolée et doit se soumettre aux vœux de l'Europe. — Au point de vue russe, cet isolement est le plus grand des biens. — Cela indiquerait pour nous une liberté d'action absolue et la possibilité de secouer le joug européen, qui nous a été imposé par les fautes historiques de notre diplomatie.

Cet isolement libérerait enfin nos finances, notre industrie, notre commerce des marchés, des banques et des bourses de l'Europe, et nous rendrait indépendants des perturbations intérieures et extérieures de nos voisins.

Que l'Allemagne arme, que les organes officieux du prince de Bismarck prennent un ton malveillant à notre égard, qu'aux délégations quelque homme politique hongrois élève sa voix contre la Russie, immédiatement notre cours dégringole à toutes les bourses et les valeurs russes sont dépréciées, tandis que chez nous tous les objets de première nécessité renchérissent considérablement.

Nous essuyons des pertes si colossales que nous voyons tous approcher une banqueroute commerciale et industrielle, dont les effets se font déjà sentir et prolongent notre pays dans une détresse qui est plus grande chez nous à l'époque des moissons que chez d'autres à l'époque des disettes. Je n'avance là que des faits avérés, ce sont les résultats de notre solidarité avec l'Europe. Mais pourquoi cette solidarité s'exprime-t-elle par tant de misère pour nous et tant d'accroissement de leur bien-être pour eux? C'est que leur politique intérieure et extérieure a d'autres bases que la nôtre. Les puissances étrangères parlent seulement de principes moraux, mais en réalité se laissent guider par des mobiles tout égoïstes nommés officiellement intérêts européens. Les États de l'Occident ne peuvent atteindre l'accroissement de leur bien-être et le développement de leur vie historique et politique qu'aux dépens de notre existence à nous. Fermez les marchés russes à l'Angleterre, l'Allemagne et l'Autriche-Hongrie, et les conséquences nuisibles pour ces pays se feront immédiatement sentir. Voici pourquoi les efforts que font les gouvernements étrangers pour isoler la Russie ne veulent pas dire qu'ils songent à abandonner la Russie à elle-même. Loin de là ! L'*Europe tient à conserver nos marchés* et, si nous pouvions conclure avec elle un traité de commerce, c'est-à-dire si nous voulions renoncer au système de protection, l'Europe aurait renoncé à son tour non seulement à nous faire la guerre, mais même à nous en menacer et aurait probablement consenti à désarmer comme preuve de ses intentions pacifiques. En effet, qu'aurait-elle eu besoin d'une armée, puisque l'asservissement économique de la Russie par l'Allemagne, l'Autriche et l'Angleterre nous aurait bientôt amenés à un état de faiblesse et de décomposition tel qu'aucune armée au monde ne pourrait nous sauver ?

Je le répète encore une fois : la politique de l'Europe ne consiste pas à isoler la Russie et à l'abandonner aux mains de son gouvernement, mais à isoler celui-ci des intérêts de la nation qu'il est appelé à guider. L'Europe nous menace de toutes les horreurs d'une crise économique dans le cas d'une coalition européenne contre nous, et nous promet au contraire en cas de paix tous les bienfaits d'une affluence de capitaux étrangers pour aider notre industrie nationale.

Tout cela n'est que trompe-l'œil et mensonge. En empruntant nous nous mettons complètement entre les mains du prêteur, et notre travail l'enrichira en nous appauvrissant. Nous devenons pour lui la poule aux œufs d'or, et c'est ainsi que notre situation financière et économique sera réglée vis-à-vis de l'Europe. L'Europe ne peut nous faire la guerre : ce serait son suicide dans le genre de celui de Napoléon Ier en 1812. *Mais elle peut facilement nous asservir économiquement.* Prenons comme exemple la petite Serbie et les Indes, ce colosse dont les 256 millions d'habitants sont maintenus dans un état de servage par une armée de 75.000 Anglais.

Envisageons avec calme la situation et voyons ce qui a été fait depuis 1863 dans nos provinces de l'ouest par les Berg, Todtleben, Kotzebue et Albedinsky pour faire prévaloir les intérêts allemands. En présence de cet ravail d'assimilation, on arrive à la conclusion que ce n'est pas une guerre avec l'étranger qui peut perdre et ruiner la Russie, mais que sa ruine lui vient de son amitié avec un voisin qui, à l'aide de ses capitaux et de ses colons, enlève à notre peuple son gagne-pain.

Bismarck nous a montré en Posnanie comment il faut obvier à cet inconvénient.

Nos bonnes relations avec l'Allemagne avaient leur raison d'être, tant que la Prusse était un petit État; maintenant ces bonnes relations sont une faute grossière de notre diplomatie et sont en contradiction avec le sentiment de tout le peuple russe, qui comprend d'instinct que l'Allemand est son ennemi le plus dangereux.

*L'Allemagne a été créée par une guerre heureuse; une guerre malheureuse peut l'anéantir, elle le sait et voilà pourquoi elle craint la guerre.* Mais elle a à sa tête un homme de génie qui sait, lui aussi, qu'une opération chirurgicale, si elle peut conjurer un mal chronique, doit être tentée quoi qu'il puisse en coûter. Voici pourquoi il ne craint pas la guerre, il y est préparé de fait depuis longtemps, mais trouve inutile de nous en menacer, comme le font l'Autriche-Hongrie et l'Angleterre. La guerre entre l'Allemagne et la Russie est une question ouverte et, vu la nécessité pour l'Allemagne de nous enlever les marchés de la presqu'île des Balkans et la haine mutuelle que se portent Allemands et Russes, la guerre est inévitable.

Pour l'Allemagne, c'est une question d'estomac vide, auquel on ne saurait persuader de renoncer à sa nourriture.

Chacun comprend ce qu'une guerre avec l'Allemagne entraînerait après elle de malheurs, quand des millions de combattants seront appelés à se détruire les uns les autres. Mais, puisque ces malheurs sont inévitables, fermer les yeux devant le danger ne veut pas dire l'éviter. Un honnête homme doit regarder non seulement le danger mais la mort en face, et doit prendre des précautions pour éviter l'une et l'autre. L'Allemagne, en véritable bretteur, désire une querelle. Par des concessions on n'évite jamais une rencontre. Plus on cède à un bretteur plus il devient agressif, et la lutte reste quand même inévitable.

Étant admis que des motifs de race, de vie politique et de besoins économiques forcent l'Allemagne à marcher sur la Russie (drang nach Osten), il faut regarder la guerre en face et calculer froidement les chances que nous offre le moment présent et qui pourraient bien ne plus se représenter.

L'Allemagne a une tâche à remplir qui peut pour quelque temps encore la retenir d'une invasion en Russie et lui faire continuer son œuvre lente de germanisation de nos provinces limitrophes.

Elle n'a pas encore annexé les pays allemands de l'Autriche, elle ne s'est pas avancée vers l'Adriatique vis-à-vis du canal de Suez. Voici notre principal et plus sûr élément de succès dans notre lutte de race contre l'Allemagne. Par là nous avons quelques chances d'éviter la guerre. En satisfaisant ses appétits, aux dépens de l'Autriche-Hongrie, nous obtenons la possibilité d'organiser nos affaires sur la presqu'île des Balkans, non pas certainement dans le sens de la conquête, mais dans celui de la prépondérance politique; et par cette solution de la question slave nous nous mettons en travers des plans machiavéliques de l'Autriche-Hongrie, qui aspire à se constituer en grand empire slave catholique et veut se donner pour mission de défendre le monde contre l'invasion cosaque.

Le désir qu'a l'Allemagne de s'avancer vers l'Adriatique n'est pas une fiction — mais un fait réel. Pour cela l'Allemagne est prête à soutenir l'Autriche-Hongrie, à condition que celle-ci, de puissance allemande, devienne un État slave, avec sa capitale sur le Bosphore. Voici pourquoi l'Autriche-Hongrie est un ennemi tout aussi implacable de la Russie que l'Allemagne, dont elle est l'instrument.

Ménager l'Autriche et d'autant plus la soutenir, est une faute diplomatique plus grande encore que de rechercher l'alliance de l'Allemagne. L'Autriche est à la veille de se dissoudre et, si ses dépouilles deviennent la proie des Slaves et des Allemands, la Russie ne pourra qu'y gagner.

Nous ne pouvons pas nous passer des détroits

qui assureraient la sécurité à nos frontières maritimes du Danube à Batoum. Nous pourrions alors étendre notre commerce sur la mer Noire, nous approvisionner de denrées coloniales sans l'aide de courtiers et, par le canal de Suez, établir des communications directes avec nos possessions de l'Océan pacifique. Quant à nous emparer de provinces roumaines, serbes, grecques et bulgares, nous n'en avons nulle envie, car l'organisation de ces pays en gouvernements russes nous coûterait fort cher et ferait dévier de sa voie naturelle la marche de notre histoire.

Nous devons octroyer une indépendance complète à la Bulgarie, mais sous le protectorat exclusif de la Russie, en établissant une solidarité politique et économique complète entre libérateurs et libérés. C'est là l'unique solution de la grande question slave. Par ce moyen, nous aurions les Slaves de l'Autriche et ceux des Balkans pour alliés véritables.

La guerre avec l'Allemagne serait devenue impossible, car les Allemands n'oseraient jamais risquer une lutte inégale, dans laquelle ils pourraient perdre tout ce qu'ils ont acquis. Si ce point de vue devait prévaloir, notre ennemi ne serait plus la Turquie, mais l'Autriche-Hongrie. Par sa faiblesse et sa situation dans le monde musulman dont elle s'est éloignée en acquérant une civilisation européenne, c'est-à-dire chrétienne, la Turquie devient le meilleur gardien des détroits et l'allié le plus sûr de la Russie.

Pour comprendre toute l'importance de nos bons rapports avec la Turquie, il faut que nous entrions dans le domaine de considérations stratégiques. Occuper la Bulgarie serait dans le moment actuel une opération militaire insensée Le traité de Berlin nous a fermé toutes les routes vers le Danube. Nous sommes séparés de la Bulgarie par un grand espace de terrain neutre que nous ne pouvons traverser à moins de conclure un traité avec la Roumanie, ce que l'Europe n'admettra jamais. La seule voie qui nous est ouverte est la mer Noire, mais à condition que la flotte anglo-austro-italienne ne puisse y pénétrer par les détroits. Sinon, les troupes jetées en Bulgarie resteraient coupées de toute communication et entourées d'ennemis de tous côtés. *Mais, si les détroits sont fermés*, nos troupes en Bulgarie acquièrent la possibilité d'organiser des bataillons bulgares, serbes et herzégoviniens avec l'aide immédiat des Monténégrins.

En menant cette affaire avec circonspection, nos troupes seraient décuplées et présenteraient une force menaçante, contre laquelle l'Autriche se verrait obligée d'opposer la moitié de son armée active. — Il est impossible d'admettre que la Roumanie, malgré son roi allemand et ses ministres anti-russes, se décide à se joindre ouvertement à l'Autriche. Elle n'a pas de conquête à faire de l'autre côté du Danube, où une population slave ne saurait être transformée en population roumaine. D'un autre côté la Roumanie, en s'alliant à la Russie, peut, en cas de guerre heureuse, s'annexer la Transylvanie, ce qui ajouterait à son importance politique.

Dans ce cas-là l'occupation de la Bulgarie par les Russes mettrait l'Autriche dans l'impossibilité de faire une guerre avec succès à la Russie. Il lui faudrait diviser son armée en deux corps dont l'un, déployé sur toute la ligne de notre frontière, ne saurait être aussi fort en nombre que notre armée du Sud-Ouest. L'Autriche ne sera pas en état de nous attaquer et devra se contenter de défendre son territoire. Nous l'écraserons partout par le nombre, sans parler de la supériorité morale de nos troupes. Ainsi il est évident que, le cas de l'occupation admis, l'Autriche serait impuissante à nous déclarer la guerre sans recourir à l'aide de ses alliés. L'Angleterre n'a pas d'armées de terre à offrir à l'Autriche. La puissante flotte anglaise, ne pouvant passer les détroits, serait réduite à détruire nos vaisseaux de commerce et à saccager ceux de nos rivages qui ne sont pas défendus par des fortifications. Ces pertes peuvent être certainement très sensibles à la Russie, mais n'influenceraient guère la marche des opérations militaires sur le continent.

L'Italie, que l'Angleterre s'efforce d'entraîner

dans une alliance avec l'Autriche, n'a aucun intérêt à sauvegarder l'intégrité de l'empire des Habsbourg. Toute l'histoire de sa renaissance politique marche de pair avec l'affaiblissement graduel de l'Autriche, dont les plus riches provinces se sont détachées peu à peu. L'unification complète de l'Italie ne peut s'accomplir qu'aux dépens de l'Autriche. Ainsi, chose bizarre, les deux alliées probables de l'Autriche, l'Allemagne et l'Italie, sont également intéressées à sa dissolution ! L'Allemagne revendique les provinces allemandes et l'Italie les provinces italiennes de l'Autriche-Hongrie.

Ce fait étant donné, l'alliance de l'Allemagne avec l'Autriche et l'Italie n'est peut-être que le résultat d'imaginations maladives ou de combinaisons savantes de chancellerie. Mais si cependant cette alliance devenait une réalité, il en adviendrait ce qui arrive généralement avec toutes les alliances ici-bas; chacun des alliés poursuivrait ses propres plans, s'inquiétant peu des intérêts d'autrui, et à un certain moment l'Autriche se verrait abandonnée par l'Allemagne; qui trouverait son avantage à conclure un traité avec la Russie. Ce ne sont pas les concessions qui pourraient jamais prévenir la coalition qui se prépare contre la Russie.

La seule mesure politique qui pourrait nous assurer des alliés, consiste à convaincre l'Europe que nous sommes décidés à mettre en mouvement toutes les forces de notre pays pour sauvegarder nos intérêts nationaux.

Les ressources que présente notre vaste patrie sont suffisantes pour combattre une coalition européenne. Cela a déjà été victorieusement démontré par l'empereur Alexandre I^er^ en 1812. Il a non seulement prononcé ces paroles : « Napoléon ou moi; nous ne pouvons vivre tous deux en Europe », mais il a consacré ces mots par les guerres de 1813, 1814 et 1815. En comprenant notre force, il faut en même temps se rendre compte de notre faiblesse, qui consiste dans l'étendue du territoire que nous avons à défendre. Et pour cela la nécessité d'une alliance avec la Turquie devient évidente. Nos frontières de l'Asie mineure, depuis la mer Noire jusqu'à la Perse dont le concours nous est assuré non seulement par les traités, mais aussi par la présence de nos troupes dans les provinces transcaspiennes, sont seulement surveillées et non pas défendues. vu le petit nombre de soldats que nous avons là-bas. La Perse est intéressée au succès de nos armes, car ses bons rapports avec la Russie lui garantissent seuls l'intégrité de ses frontières, du côté de l'Asie centrale, et elle peut espérer obtenir par nous une compensation en cas de remaniement de la carte d'Europe.

Toutes les concessions que nous ferions à la Turquie nous sont indiquées par le bon sens national. Un traité d'alliance avec la Turquie nous évite la nécessité de défendre toutes nos frontières, et nous donne la possibilité de concentrer la totalité de nos forces sur une partie de notre territoire entre la mer Baltique et les embouchures du Danube.

La nécessité pour nous d'une alliance avec la Turquie n'est pas un secret pour nos ennemis, particulièrement pour l'Angleterre, que la Russie peut faire déchoir de sa situation de grande puissance à celle d'état secondaire. Depuis la campagne de Crimée, l'Angleterre a ouvert son jeu et il n'y a pas de collégien qui ne sache que la question d'Orient a été créée par elle pour garantir sa suprématie dans les Indes. Les hommes d'État anglais se rendent bien compte que la domination des Anglais aux Indes est peu naturelle et peu stable, et aura son terme le jour où les Hindous entreront en rapport avec quelque autre puissance européenne.

Les Indes secoueront indubitablement un jour le joug de l'Angleterre, et les hommes politiques anglais ne peuvent qu'éloigner autant que possible le moment fatal où le vice-roi et son administration devront quitter le sol hindou. Privée des revenus que lui donne l'Inde et qui équivalent à la somme de 780.000.000 roubles environ, l'Angleterre ne sera plus en état d'entretenir cette flotte puissante, sans rivale jusqu'ici. Elle ne pourra pas non plus dépenser des millions à Gibraliar, Malte, Aden. Tout homme d'État anglais a présentes à la mémoire les paroles prononcées par Walpole, le premier ministre du roi Georges Ier, contemporain de Pierre-le-Grand : « La Russie peut, comme puissance maritime, devenir dangereuse pour l'Angleterre ; il faut constamment avoir l'œil sur elle et ne pas donner à son commerce le moyen de se développer. » L'Angleterre a systématiquement cherché à nous ruiner. La crise que nous traversons est le résultat des théories de libre-échange introduites chez nous. L'Angleterre subit, du reste, le sort de tous les inventeurs. Elle n'a pas su tirer parti de son invention qui a surtout profité à l'Allemagne, dont nous sommes devenus les tributaires, et à laquelle nous payons chaque année des centaines de millions de roubles de pour cents en monnaie sonnante, que la Bourse de Berlin nous vend à un taux arbitrairement fixé par elle.

Ne pouvant tôt ou tard éviter une collision avec l'Angleterre, le problème qui incombe à nos hommes d'État est celui de choisir le moment qui présente le plus de chances de succès. Le moment actuel, grâce aux difficultés que l'Angleterre a à combattre chez elle, me semble le plus favorable pour nous. En soutenant l'Allemagne en 1870, nous en avons fait la première puissance militaire du continent ; maintenant elle est devenue aussi une forte puissance maritime. Le niveau intellectuel, scientifique et technique des Allemands, leur énergie, leur persévérance et leur faculté pour un travail assidu, toutes ces qualités, jointes à une affluence de capitaux, ont donné à leur industrie un essor qui leur permet non seulement de rivaliser avec l'Angleterre, mais en fait des compétiteurs dangereux pour elle. Le prince de Bismarck, avec son génie accoutumé, a porté un coup terrible à l'Angleterre par sa politique coloniale. Il a occupé la Guinée septentrionale, Angra-Pewen, Kamerum et une partie occidentale de la rive africaine sans se préoccuper du mécontentement exprimé par le cabinet anglais, qui voyait ces pays échapper à l'influence britannique.

La déduction pratique qu'il nous est permis de tirer de cet état de choses, est que l'Allemagne ne soutiendra pas l'Angleterre, mais sera prête au contraire à profiter de ses revers.

*La France a sauvé l'honneur militaire anglais sous les murs de Sébastopol et a scellé de son sang le triomphe de l'Angleterre en* 1852 *et* 1856.

Au moment de la guerre franco-allemande l'Angleterre aurait pu s'acquitter envers la France, mais elle n'a pas bougé du doigt et elle est restée le témoin impassible de l'humiliation et de la défaite de sa rivale maritime. Depuis cette époque, l'entente cordiale arrangée par lord Palmerston ne peut plus se renouveler. L'antagonisme de ces deux puissances est évident. C'est par l'Angleterre que la France a été poussée à la guerre avec la Chine, elle lui doit ses embarras à Madagascar, au Tonkin. C'est toujours l'Angleterre qui excite contre elle la Chine, le Japon et, enfin, combat ouvertement les intérêts de la France en Égypte. Elle a transporté cet esprit d'hostilité bien loin en Orient et même en Australie, témoin la lutte pour la possession des îles Hébrides.

Passons à l'Italie. D'après les données statistiques, cet État dispose d'un million de baïonnettes. Beau climat, richesse du sol et situation géographique la mettent dans des conditions exceptionnelles pour étendre son commerce dans la Méditerranée et plus loin par le canal de Suez. N'en déplaise au marquis Salisbury et au comte de Robilant, ni l'un ni l'autre ne peuvent transformer en alliées deux nations dont les intérêts sont si opposés.

La Turquie a perdu de sa puissance par son amitié traditionnelle avec l'Angleterre, qui, avec son incomparable cynisme politique, a toujours uniquement poursuivi ses buts personnels. Mais lorsqu'après avoir engagé la Turquie dans une guerre avec la Russie, l'an 1877, elle s'est convaincue de sa faiblesse absolue, l'Angleterre, avec un cynisme plus grand encore, s'est mise à dévaliser la Turquie.

S'étant emparée de l'île de Chypre et de l'Égypte, elle a fait don à l'Autriche de la Bosnie et de l'Herzégovine et a rendu la Roumélie orientale au prince Battenberg. La Grèce, pour prix de sa trahison envers la Russie, a obtenu un vaste territoire. L'habile négociateur, M. White, envoyé pour assurer la Turquie des bonnes dispositions de son gouvernement, ne peut avoir de succès quels que soient ses talents diplomatiques. Malgré le peu de considération que m'inspirent en général les hommes d'État turcs, il se trouvera toujours parmi eux, j'aime à le croire, quelques honnêtes gens incapables de vendre leur patrie et leur religion, et en état de comprendre combien une alliance russe est nécessaire à la Turquie.

En résumant tout ce qui a été dit plus haut, j'arrive à la conclusion suivante : Nos ennemis naturels, l'Allemagne et l'Autriche-Hongrie, ne pourront se résoudre à nous faire la guerre sans avoir préalablement conclu des traités d'alliance dans lesquels l'Angleterre entrera nécessairement. Si nous parvenions à écarter cette puissance du jeu politique qui se joue actuellement, cette mesure serait plus efficace pour le maintien de la paix que la célèbre alliance des trois empires, qui est déjà devenue une fiction tout comme le traité de Berlin. Ce dernier a été violé par tous les États signataires, excepté par la Russie, dans toutes ses parties, et de fait a cessé d'exister. Néanmoins tous les gouvernements envisagent le traité de Berlin comme base de la paix européenne et sont prêts à défendre ce traité les armes à la main. Tous comprennent que c'est là une feinte, mais elle est nécessaire pour en imposer à la Russie, qui met son point d'honneur à observer religieusement toutes les clauses du traité qu'elle a signé « au nom du Dieu tout-puissant ».

Du reste, d'après les principes admis par le droit international, la guerre libère chaque État de tous les traités conclus précédemment, et voici pourquoi il faut les oublier pour ne se souvenir que des intérêts vitaux de son pays. Une guerre européenne dans laquelle nous aurions pour adversaires l'Allemagne et l'Autriche-Hongrie serait pour nous une calamité immense. Voyons quel est le moyen de l'éviter.

L'Angleterre traverse une de ces crises intérieures qui nous porte à croire que le jour est proche où elle recevra le châtiment de tous les crimes qu'elle a commis envers les autres pays. La question irlandaise, ses insuccès en Égypte, au cap de Bonne-Espérance, à Birsnah et en Afghanistan, ne sont pas les faits du hasard seulement.

Ils démontrent que les forces de l'Angleterre ne sont pas en proportion avec ses appétits et les prétentions de ses hommes d'État, tels que lord Palmerston et le marquis de Salisbury. M. Marwin, ce patriote publiciste, avoue lui-même que la domination anglaise aux Indes est un miracle. Et malgré le si petit nombre de troupes dont l'Angleterre dispose dans ce pays, 75,000 hommes, le gouvernement des Indes-Orientales a dû en distraire 10,000 pour l'expédition de Birsnah, où la résistance a été telle que ce chiffre a été déjà triplé.

Il est évident que cet état de choses doit affaiblir considérablement la situation militaire des Anglais. La haine contre la domination étrangère accumulée pendant des siècles se faisant jour avec plus en plus de violence, sa répression exige un déploiement de forces considérable. En attendant, une émeute a éclaté en Afghanistan, qui menace l'ami et l'allié de l'Angleterre, Abdurrachman-Khan, non seulement de troubles intérieurs, mais de la perte de son trône. L'Angleterre est liée par un traité vis-à-vis des Afghans, elle s'est engagée à soutenir l'émir en cas de danger intérieur ou extérieur et, si c'était nécessaire, d'occuper l'Afghanistan afin de rétablir son autorité et de combattre l'influence russe.

Mais le faible détachement que le gouvernement des Indes-Orientales pourra envoyer au secours de l'émir n'effrayera guère les tribus guerrières de l'Afghanistan, et l'apparition des troupes anglaises dans le pays sera peut-être un coup mortel porté au prestige de l'Angleterre dans l'Asie centrale.

Voyons quelle sera la situation de la Russie à ce moment. Ces dernières années la Russie a fait des conquêtes colossales dans l'Asie centrale, mais jamais conquêtes ne furent aussi peu coûteuses à leurs conquérants que celles-là. La raison en est surtout dans l'influence morale de la Russie, dont la politique vis-à-vis de ces peuplades à demi-sauvages est tout à fait contraire à celle qui guide l'Angleterre. Les Anglais poursuivent avant tout des buts commerciaux, ils emploient toutes les ressources de la science moderne et tous les moyens techniques pour exploiter le pays conquis à leur profit. Ils ruinent les indigènes et égalisent toutes les classes de la population pour les transformer en ilotes. Cette politique a fait des Hindous les ennemis irréconciliables de l'Angleterre.

Nous, au contraire, nous faisons entrer les peuples soumis dans la situation de tous les sujets du Tzar, les rendant aptes à obtenir pour prix de leur fidélité tous les honneurs et toutes les dignités qui existent en Russie. Non seulement nous ne suçons pas comme une pieuvre le sang de ces peuples conquis, mais nous dépensons notre argent pour relever leur niveau moral et intellectuel Voilà pourquoi le nom du Tzar blanc, la foi dans sa puissance et sa justice se répandent avec une telle rapidité en Asie centrale et rendent nos conquêtes si stables. Les Anglais ne parviennent pas à comprendre comment les Merws à peine soumis combattaient déjà loyalement dans les rangs russes à Kouschka. Si le théâtre de la guerre devenait l'Asie-Centrale, toutes ces considérations y rendraient notre situation excessivement avantageuse. Nous sommes chez nous non seulement dans la province transcaspienne, mais au Turkestan et même en Afghanistan et en Perse. Les populations de ce pays ont un culte pour le nom du Tzar et une foi absolue dans le succès de ses armes. Aussi, s'il entrait dans les desseins de la Russie de faire un mouvement militaire vers l'Inde, un corps d'armée, augmenté des milices locales, serait suffisant pour cela.

Ces milices pourraient être formées non seulement sur nos terres, mais en Afghanistan, Seistan, Beludjistan et même aux Indes, où il est probable que les troupes indigènes se joindraient à nous pour secouer le joug anglais si humiliant pour elles.

La facilité relative d'une expédition aux Indes ne doit cependant pas faire naître en nous l'idée d'une conquête. Les Indes ne nous sont nécessaires que comme marché. Si l'organisation de gouvernements russes sur la presqu'île des Balkans serait funeste pour notre développement politique, à bien plus forte raison la création de gouvernements russes de Pendjab, de Nepal, d'Aoud, etc., peuvent perdre définitivement la Russie et la changer en colosse aux pieds d'argile. Avec notre manque de savoir-faire habituel nous saurions nous ruiner aux Indes — la plus riche contrée du monde. Les copecks du paysan russe n'enrichiraient pas les radjahs et Maharadja, mais contribueraient à réduire au néant les pauvres revenus de notre pays. Après avoir changé quelque dizaine d'administrateurs dont chacun comprendrait à sa façon les intérêts de la Russie et les besoins des Hindous, nous arriverions à être aussi haïs que nos prédécesseurs.

Voici la raison pour laquelle il nous est bien plus avantageux de ne pas prendre possession des Indes, mais de l'abandonner aux Afghans et aux Hindous eux-mêmes. En échange nous obtiendrons la possibilité de construire un chemin de fer à travers des contrées amies où le nom de notre souverain serait craint et respecté. Si les Indes nous sont inutiles, en revanche elles sont indispensables à l'Angleterre qui, sans elles, serait ravalée au rang de la Belgique ou de la Hollande. C'est avec les 780,000,000 roubles de revenu perçus aux Indes que l'Angleterre entretient son administration, sa flotte, qu'elle construit ses chemins de fer stratégiques et ses forts. Si elle est privée de ce revenu, elle perd toute son influence en Orient, et ne devient plus pour les peuples de l'Asie qu'un souvenir historique. Mais il ne faut pas croire que l'Angleterre se résignera facilement à cette fatalité. Elle luttera avec toute l'énergie qui lui est inhérente avant d'arriver à cette extrémité et avant de faire droit à nos justes exigences. Voici ce que nous devons obtenir :

1° La pacification de la Bulgarie conformément aux intérêts slaves, en évitant une guerre européenne, laquelle, au dire du comte Kalnocky, mettrait en mouvement cinq millions de baïonnettes ;

2° La fermeture des détroits, qui n'admettrait pas l'entrée d'une flotte ennemie dans la Mer-Noire.

La position de la Russie en Asie-Centrale, comme nous l'avons déjà dit, est bien autrement forte que celle de l'Angleterre. Nous avons traversé les déserts et avons affermi notre puissance dans les riches contrées du Turkestan chinois. Nous avons occupé l'Ahal-Teke, Merv, Pendeh; nous avons construit un chemin de fer de la mer Caspienne à l'Amou-Daria et avons étendu notre domination depuis la frontière de la Chine jusqu'à celle de la Perse. L'Afghanistan seul nous sépare de la frontière des Indes. Nous sommes de fait, sinon de droit, les voisins des Anglais et nous nous trouvons dans la situation de porter des coups qui paralyseraient les efforts que fait l'Angleterre pour arrêter notre marche vers la Méditerranée et le canal de Suez.

Nous avons sur la frontière de l'Afghanistan trente mille hommes de troupes régulières, habitués au climat de l'Asie-Centrale. Nous disposons d'un chemin de fer au moyen duquel toute une division cantonnée dans le Daghestan peut être transportée en peu de jours à Puerirout, vallée qui conduit par une route facile de 280 verstes à Hérat. Nous possédons en outre une excellente cavalerie indigène, qui serait heureuse et fière d'accompagner notre armée aux Indes et en Afghanistan.

De façon qu'une armée russe, comme n'en a pas vu l'Asie-Centrale depuis Alexandre-le-Grand' peut, quinze jours après en avoir reçu l'ordre de son souverain, apparaître sous les murs de Hérat et proposer aux Afghans d'opter entre un traité d'alliance contre les Anglais ou la conquête de l'Afghanistan par les Russes.

Les Anglais eux-mêmes avouent qu'ils n'ont qu'un seul ami fidèle parmi les tribus afghanes; c'est Abdourrahman-Khan. Toute la population leur est hostile, et nous avons tout lieu de supposer qu'il ne nous sera pas difficile de la convaincre de marcher sur les Indes pour nous aider à y détruire la domination anglaise. La soumission de Hérat, que ce soit par la force des armes ou de bonne volonté, sera un coup de foudre pour l'Angleterre. La légende ayant cours parmi les Hindous sur des libérateurs venant du Nord deviendra une réalité. Le gouvernement des Indes-Orientales ne peut guère compter sur la fidélité des cipayes pour étouffer la révolte, et les troupes anglaises seront bien insuffisantes pour réprimer le mouvement séditieux sur tous les points de ce vaste pays.

Quand la flamme de la révolution aura embrasé toute l'Inde, les hommes d'État anglais seront bien obligés d'abandonner leurs intrigues sur la presqu'île des Balkans et de porter toute leur attention vers le point attaqué.

Pour s'emparer de Hérat, la Russie a besoin d'un si petit nombre de troupes, que la marche de nos opérations militaires en Occident ne s'en ressentira guère.

L'argument mis en avant par nos financiers,

qui prétendent que notre rouble tombera à un minimum invraisemblable en cas de guerre, ne saurait avoir d'influence sur notre expédition contre Hérat. Pour cela nous n'avons pas besoin de monnaie sonnante pour laquelle nous devrions recourir à de nouveaux emprunts. Le prestige du Tzar russe est si colossal en Asie-Centrale que notre rouble papier est accepté au pair partout. Comme tous les préparatifs nécessaires pour cette expédition se feraient dans le pays, notre papier-monnaie nous suffirait pour combattre l'Angleterre aux Indes et en Afghanistan. Cette guerre ne pourra ruiner la Russie, car toutes les dépenses de notre gouvernement seraient faites dans le pays et augmenteraient le bien-être du peuple en donnant quelque animation au commerce et à l'industrie.

L'Europe nous a assez prouvé que, si elle nous barrait le passage vers la Méditerranée, il ne lui serait pas difficile de repousser la Russie, d'abord derrière la Vistule, ensuite au Dniéper et enfin vers l'Oural.

C'est une alternative à laquelle ne saurait donner son assentiment, non-seulement notre Tzar, qui de ses mains puissantes tient si haut notre drapeau national, mais à laquelle ne consentirait même pas le *Journal de Saint-Pétersbourg.* Ainsi il est clair que la guerre européenne a 99 chances contre 1; et ceci, chaque Russe non initié aux secrets diplomatiques, mais lisant chaque jour les infâmes calomnies de la presse allemande, le sent avec le cœur et le comprend avec la raison.

Nous n'avons qu'un seul moyen d'éviter la guerre, c'est de placer l'Europe dans l'impossibilité de nous la déclarer, *de forcer l'Angleterre de s'occuper de ses affaires à elle propres.* Tout ceci peut être atteint par un mouvement de troupes vers Hérat, dont le résultat immédiat sera *une révolte aux Indes* et la fin des intrigues anglaises en Europe.

L'expédition de Hérat, qui n'exige qu'un déploiement de 50.000 hommes, se présente ainsi comme une opération financière et économique des plus avantageuses, car elle délivre la Russie de la mobilisation de deux millions de troupes à avancer sur notre frontière occidentale en cas d'une guerre avec l'Europe, que nous aurait indubitablement amenée la malveillance anglaise. Le soulèvement des Indes, qui arrêtera l'activité commerciale et financière de l'Angleterre, profitera à l'Allemagne tout comme une guerre continentale aurait profité à l'Angleterre. Il s'ensuit que l'Allemagne ne sacrifiera pas les os d'un seul *grenadier de Poméranie* pour soutenir l'Angleterre, dont elle combat dès à présent la politique coloniale.

La France, froissée constamment par l'Angleterre, désire tout aussi ardemment rétablir son prestige et faire triompher ses intérêts en Égypte et aux Indes que de prendre sa revanche sur l'Allemagne. Elle n'a pas oublié non plus qu'elle a été la première à établir ses possessions aux Indes. En 1746, la France a pris Madras et il ne restait aux Anglais sur tout le territoire hindou que le fort Saint-David, à quelques lieues de Pondichéry. Les plans du célèbre Dupleix ont été mis à exécution par Clyvam et Hastings en faveur de l'Angleterre et ont transformé les Indes en province britannique. Il est évident que ce n'est pas sur la France que l'Angleterre peut compter en cas de guerre contre nous. Qui donc sera l'allié de l'Angleterre ? Qui protestera en Europe contre l'occupation d'Hérat ?

Je ne vois en fait d'amis de l'Angleterre que les pseudo-régents bulgares, soutenus par le roi Charles de Roumanie et les bailligueurs magyars, qui n'ont le droit de déclarer la guerre à personne.

*Résumons.*

*Il ne dépend que du Tzar russe, d'un mot prononcé par sa bouche auguste et enjoignant à ses troupes de marcher sur Hérat, d'assurer à la Russie une paix plus stable que celle que lui forgent ses diplomates en compagnie des hommes d'État étrangers.*



Paris. — Imp. Balitout et Cᵉ, 7, rue Baillif.

www.ingramcontent.com/pod-product-compliance
Ingram Content Group UK Ltd.
Pitfield, Milton Keynes, MK11 3LW, UK
UKHW021004220726
13924UKWH00002B/892

9 782019 919276